мактаб - école	2
саёҳат - voyage	5
транспорт - transport	8
шаҳар - ville	10
манзара - paysage	14
ресторан - restaurant	17
супермаркет - supermarché	20
ичимликлар - boissons	22
таом - aliments	23
чорвачилик хўжалиги - ferme	27
уй - maison	31
меҳмонхона - salle de séjour	33
ошхона - cuisine	35
ваннахона - salle de bains	38
болалар хонаси - chambre d'enfant	42
кийим - vêtements	44
идора - bureau	49
иқтисод - économie	51
касблар - professions	53
асбоблар - outils	56
мусиқа асбоблари - instruments de musique	57
ҳайвонот боғи - zoo	59
спорт ўйинлари - sports	62
машғулот - activités	63
оила - famille	67
тана - corps	68
шифохона - hôpital	72
тез ёрдам - urgence	76
Ер - Terre	77
соат - heure	79
ҳафта - semaine	80
йил - année	81
шакллар - formes	83
ранглар - couleurs	84
қарама-қарши маъноли сўзлар - opposés	85
рақамлар - nombres	88
тиллар - langues	90
ким / нима / қандай - qui / quoi / comment	91
қаерда - où	92

Impressum
Verlag: BABADADA GmbH, Nedderfeld 112 , 22529 Hamburg
Geschäftsführer / Verlagsleitung: Harald Hof
Druck: Books on Demand GmbH, In de Tarpen 42, 22848 Norderstedt

Imprint
Publisher: BABADADA GmbH, Nedderfeld 112 , 22529 Hamburg, Germany
Managing Director / Publishing direction: Harald Hof
Print: Books on Demand GmbH, In de Tarpen 42, 22848 Norderstedt

мактаб
école

- бўлмоқ / diviser
- доска / tableau
- синф / salle de classe
- мактаб ҳовлиси / cour d'école
- ўқитувчи / enseignant
- қоғоз / papier
- ручка / stylo
- иш столи / bureau de travail
- ёзмоқ / écrire
- линейка / règle
- китоб / livre
- ўқувчи / écolier

осма сумка

sac d'écolier

қаламдон

trousse

қалам

crayon

қалам учлагич

taille-crayon

ўчиргич

gomme à effacer

расм албоми

bloc de papier à dessin

чизмачилик
dessin

бўёқ чўтка
pinceau

бўёқдон
boîte de peintures

қайчи
ciseaux

елим
colle

машғулот дафтари
cahier d'exercices

уй иши
devoirs

рақам
chiffre

қўшмоқ
additionner

айирмоқ
soustraire

кўпайтирмоқ
multiplier

ҳисобламоқ
calculer

хат
lettre

алифбо
alphabet

сўз
mot

мактаб - école

матн
texte

ўқимоқ
lire

бўр
craie

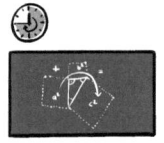

дарс
leçon

журнал
le cahier de notes

имтиҳон
examen

гувоҳнома
certificat

мактаб формаси
uniforme scolaire

таълим
éducation

қомус
encyclopédie

олийгоҳ
université

микроскоп
microscope

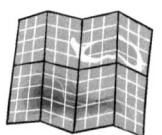

харита
carte

урна
corbeille à papier

мактаб - école

саёҳат
voyage

меҳмонхона
hôtel

сайёҳлар ётоқхонаси
auberge

пул айирбошлаш шаҳобчаси
bureau de change

чемодан
valise

машина
voiture

тил
langue

ҳа / йўқ
oui / non

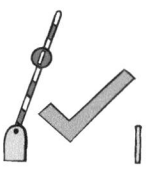

Хўп
Okay

салом
Allo!

таржимон
traducteur

Раҳмат
Merci

саёҳат - voyage

неча пул...?
Combien coûte...?

Тушунмадим
Je ne comprends pas

муаммо
problème

Хайрли кеч!
Bonsoir !

Хайрли тонг!
Bonjour !

Хайрли тун!
Bonne nuit !

кўришгунча
bye bye

йўналиш
direction

йўловчи юки
bagages

сафархалта
sac

юк халта
sac à dos

меҳмон
invité

хона
pièce

уйқуқоп
sac de couchage

чодир
tente

саёхларга маълумот
бериш столи
bureau d'information
touristique

пляж
plage

омонат карта
carte de crédit

нонушта
déjeuner

нонушта
dîner

кечки овқат
souper

чипта
billet

лифт
ascenceur

марка
timbre

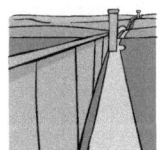

чегара
frontière

божхона
douane

элчихона
ambassade

виза
visa

паспорт
passeport

саёҳат - voyage

транспорт
transport

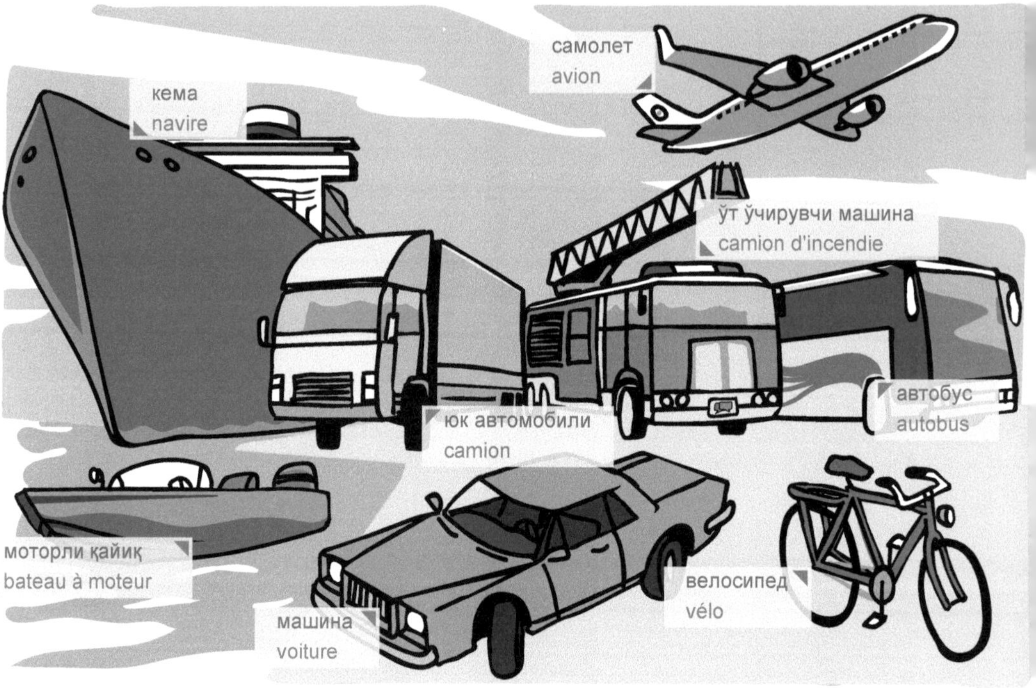

самолет
avion

кема
navire

ўт ўчирувчи машина
camion d'incendie

юк автомобили
camion

автобус
autobus

моторли қайиқ
bateau à moteur

машина
voiture

велосипед
vélo

солсимон ясси кема

traversier

қайиқ

bateau

мотоцикл

motocyclette

посбон машинаси

voiture de police

пойга машинаси

voiture de course

ижарага олинган автоулов

voiture de location

автоижара

autopartage

шатакка олувчи юк
автомобили

dépanneuse

ахлат машинаси

camion à ordures

мотор

moteur

ёқилғи

carburant

ёқилғи қуйиш шаҳобчаси

station-service

йўл белгиси

panneau de signalisation

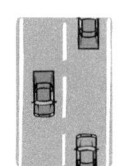

йўл ҳаракати

circulation

тирбанд

embouteillage

автомобил тўхтаб туриш
жойи

parc de stationnement

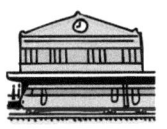

поезд бекати

gare

рельс

voies ferrées

поезд

train

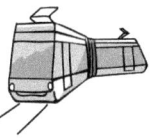

трамвай

tramway

вагон

wagon

транспорт - transport

вертолёт
hélicoptère

аэропорт
aéroport

минора
tour

йўловчи
passager

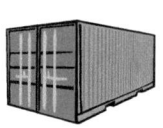
контейнер
conteneur

қоғоз қути
boîte en carton

аравача
chariot

сават
panier

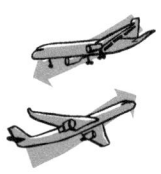
учмоқ / қўнмоқ
décoller / atterrir

шаҳар
ville

қишлоқ
village

шаҳар маркази
centre-ville

уй
maison

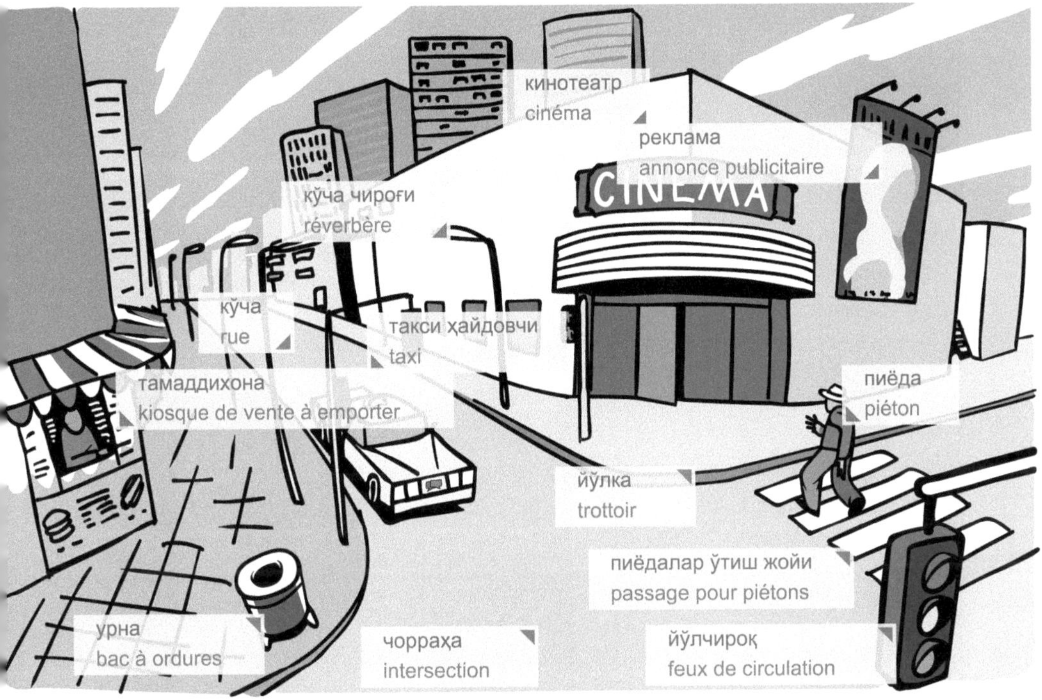

кинотеатр / cinéma

реклама / annonce publicitaire

кўча чироғи / réverbère

кўча / rue

такси ҳайдовчи / taxi

тамаддихона / kiosque de vente à emporter

пиёда / piéton

йўлка / trottoir

пиёдалар ўтиш жойи / passage pour piétons

урна / bac à ordures

чорраҳа / intersection

йўлчироқ / feux de circulation

кулба / cabane

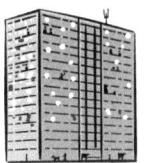

квартира / appartement

поезд бекати / gare

маҳаллий ҳокимият биноси / hôtel de ville

музей / musée

мактаб / école

шаҳар - ville

олийгоҳ

université

банк

banque

шифохона

hôpital

меҳмонхона

hôtel

дорихона

pharmacie

идора

bureau

китоб дўкони

librairie

дўкон

magasin

гул дўкони

fleuriste

супермаркет

supermarché

бозор

marché

универмаг

grand magasin

балиқ дўкони

poissonnerie

савдо маркази

centre commercial

бандаргоҳ

port

шаҳар - ville

истироҳат боғи

parc

банк

banc

кӯприк

pont

зинапоя

escaliers

метро

métro

ер ости йӯли

tunnel

автобус бекати

arrêt d'autobus

бар

bar

ресторан

restaurant

почта қутиси

boîte à lettres

кӯча ёзув осма тахтаси

plaque de rue

тӯхтаб туриш вақтини ҳисоблагич

parcomètre

ҳайвонот боғи

zoo

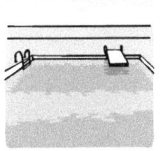

бассейн

bains publics

масжид

mosquée

шаҳар - ville

чорвачилик хўжалиги
ferme

атроф-муҳит ифлосланиши
pollution

қабристон
cimetière

ибодатхона
église

болалар ўйингоҳи
aire de jeux

эҳром
temple

манзара
paysage

- япроқ / feuille
- йўлкўрсатгич / panneau indicateur
- йўл / chemin
- ўтлоқ / pré
- тош / pierre
- дарахт / arbre
- пиёда сайёҳ / randonneur
- дарё / rivière
- майса / herbe
- гул / fleur

водий vallée	қир colline	кўл lac
	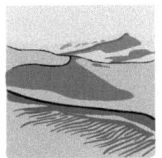	
ўрмон forêt	чўл désert	вулкан volcan

қалъа château	камалак arc-en-ciel	қўзиқорин champignon

пальма дарахти palmier	пашша moustique	чивин mouche

чумоли fourmi	асалари abeille	ўргимчак araignée

манзара - paysage

қўнғиз

scarabée

қурбақа

grenouille

олмахон

écureuil

типратикон

hérisson

қуён

lièvre

укки

chouette

қуш

oiseau

оққуш

cygne

эркак чўчқа

sanglier

буғу

cerf

бутоқ шохли кийик

orignal

тўғон

barrage

шамол генератори

éolienne

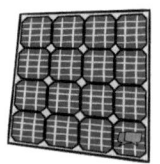

қуёш батареяси

panneau solaire

иқлим

climat

манзара - paysage

ресторан
restaurant

официант
serveur

таомнома
menu

стул
chaise

шўрва
soupe

пицца
pizza

ошхона анжомлари
coutellerie

дастурхон
nappe

газак
hors-d'œuvre

асосий таом
plat principal

десерт
dessert

ичимликлар
boissons

таом
aliments

бутилка
bouteille

тез пишар таом

restauration rapide

кўча таоми

cuisine de rue

чойнак

théière

шакардон

sucrier

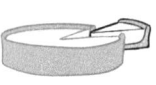

порция

part

эспрессо кофе машинаси

machine à expresso

болалар курсичаси

chaise haute d'enfant

ҳисоб

facture

лаган

plateau

пичоқ

couteau

санчқи

fourchette

қошиқ

cuillère

чой қошиқ

cuillère à thé

қўл сочиқ

serviette

стакан

verre

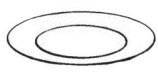 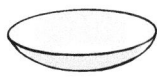 

ликоп	шӯрва коса	тақсимча
assiette	assiette creuse	soucoupe

қайла	туздон	қалампир янчгич
sauce	salière	moulin à poivre

  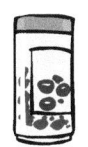

сирка	ёғ	зираворлар
vinaigre	huile	épices

кетчуп	хантал	майонез
ketchup	moutarde	mayonnaise

супермаркет
supermarché

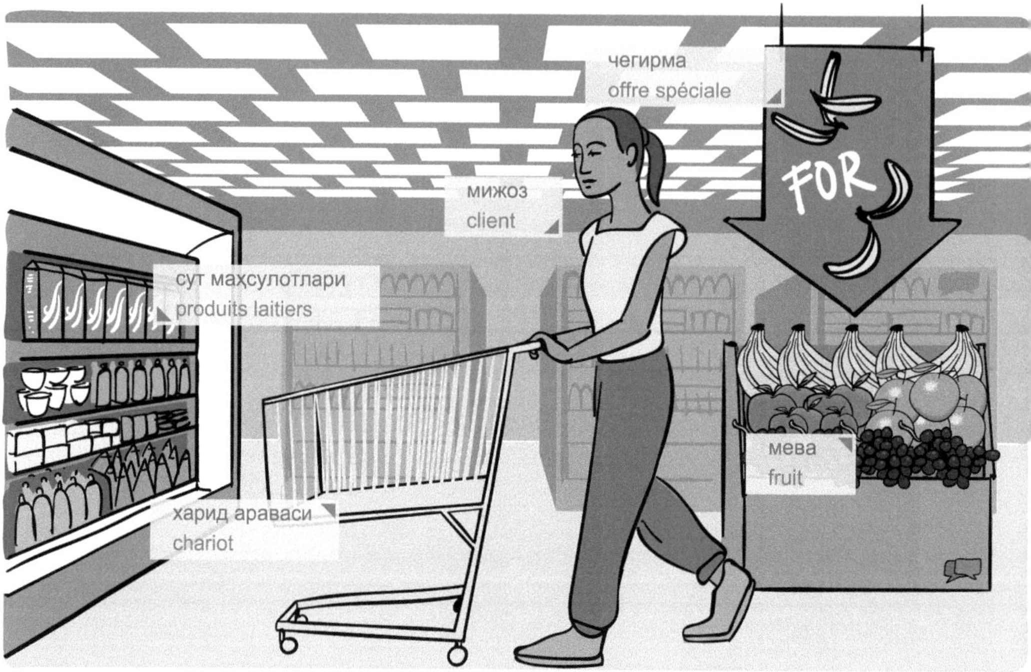

чегирма
offre spéciale
FOR
мижоз
client
сут маҳсулотлари
produits laitiers
харид араваси
chariot
мева
fruit

BUTCHERS

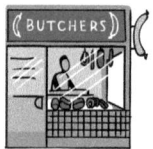

қассобхона

boucherie

BAKERY

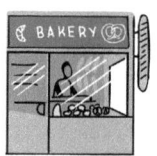

нонвойхона

boulangerie

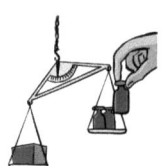

тарозида ўлчамоқ

peser

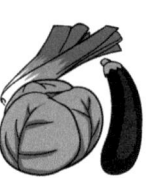

сабзавот

légumes

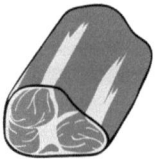

гўшт

viande

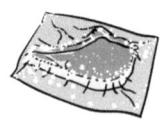

музлатилган таомлар

aliments congelés

яхна гўшт

viandes froides

консерва

conserves

кир ювиш воситаси

détergent à lessive en poudre

ширинликлар

sucreries

кундалик истеъмол моллар

produits d'entretien ménager

ювиш воситалари

produits d'entretien

сотувчи

vendeuse

касса аппарати

caisse

ғазначи

caissier

харид рўйхати

liste de provisions

иш вақти

heures d'ouverture

ҳамён

portefeuille

омонат карта

carte de crédit

халта

sac

целлофан халта

sac plastique

супермаркет - supermarché 21

ичимликлар
boissons

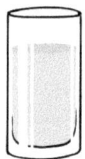
сув
eau

шарбат
jus

сут
lait

кока-кола
cola

вино
vin

пиво
bière

спиртли ичимлик
alcool

какао
cacao

чой
thé

кофе
café

эспрессо
expresso

капучино
cappuccino

таом
aliments

банан
banane

олмахон
pomme

апельсин
orange

қовун
melon d'eau

лимон
citron

сабзи
carotte

саримсоқ
ail

бамбук
bambou

пиёз
oignon

қўзиқорин
champignon

ёнғоқ
noix

лағмон
nouilles

спагетти	гуруч	салат
spaghettis	riz	salade

картошка-фри	қовурилган картошка	пицца
frites	pommes de terre sautées	pizza

гамбургер	сэндвич	тўқмоқланган тўш қиймаси
hamburger	sandwich	escalope

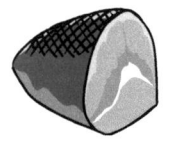

дудланган чўчқа гўшти	салями колбасаси	сосиска
jambon	salami	saucisse

товуқ гўшти	қовурилган	балиқ
poulet	rôti	poisson

таом - aliments

сули бўтқаси

gruau d'avoine

мюсли

muesli

маккажўхори ёрмаси

flocons de maïs

ун

farine

француз булочкаси

croissant

булочка

petit pain

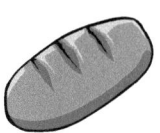

нон

pain

қизартирилган нон бўлаги

rôtie

пиширик

biscuits

сариёғ

beurre

творог

caillé

пирог

gâteau

тухум

œuf

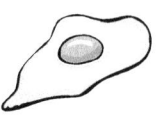

қовурилган тухум

œuf miroir

пишлоқ

fromage

таом - aliments

25

музқаймоқ

crème glacée

шакар

sucre

асал

miel

мураббо

confiture

шоколад пастаси

crème de nougat

зарчава

cari

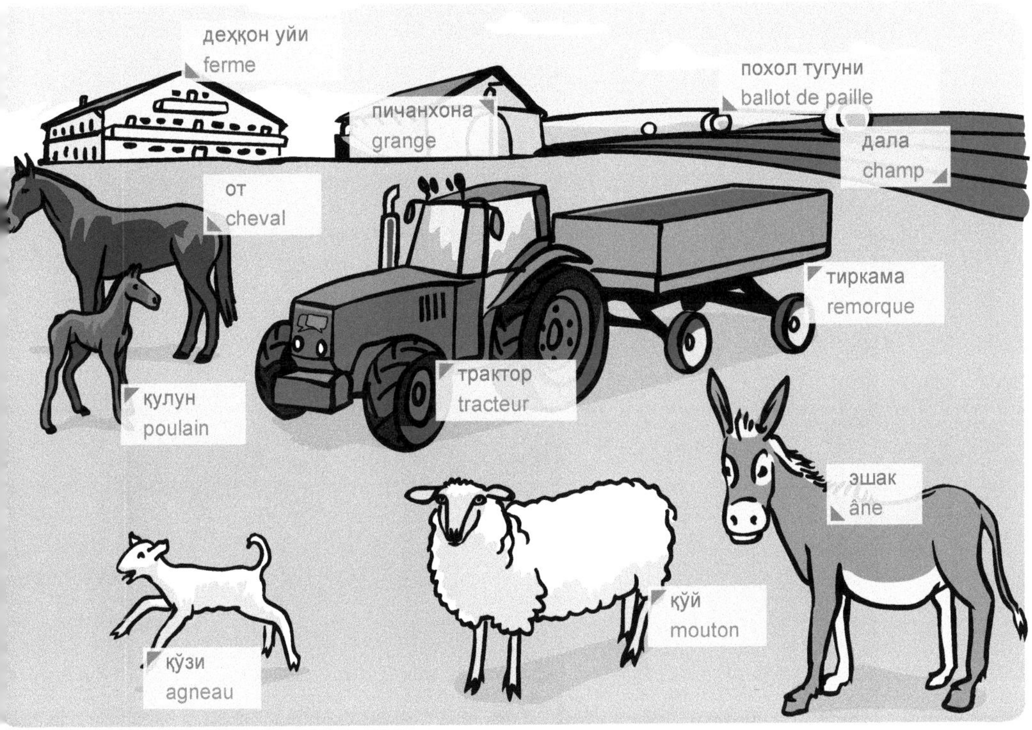

чорвачилик хўжалиги
ferme

деҳқон уйи — ferme
пичанхона — grange
похол тугуни — ballot de paille
дала — champ
от — cheval
тиркама — remorque
қулун — poulain
трактор — tracteur
эшак — âne
қўзи — agneau
қўй — mouton

эчки

chèvre

сигир

vache

бузоқ

veau

чўчқа

porc

чўчқа боласи

porcelet

буқа

taureau

ғоз
oie

ўрдак
canard

жўжа
poussin

товуқ
poule

хўроз
coq

каламуш
rat

мушук
chat

сичқон
souris

хўкиз
bœuf

ит
chien

каталак
niche

ҳовли боғ шланги
tuyau d'arrosage

гулчелак
arrosoir

белўроқ
FALSE

темир омоч
charrue

чорвачилик хўжалиги - ferme

қўлўроқ
faucille

чопқи
binette

паншаха
fourche à foin

болта
hache

ғалтакарава
brouette

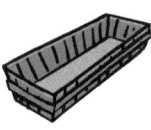

охур
auge

сут бидони
pot à lait

тўрва
grand sac

панжара
clôture

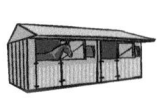

оғилхона
écurie

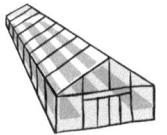

иссиқхона
serre

тупроқ
sol

уруғ
graines

ўғит
engrais

комбайн
moissonneuse-batteuse

чорвачилик хўжалиги - ferme   29

ҳосил олмоқ
récolter

йиғим-терим
récolte

ямс
igname

буғдой
blé

соя
soja

картошка
pomme de terre

маккажўхори
maïs

рапс уруғи
graine de colza

мевали дарахт
arbre fruitier

маниок
manioc

ёрма
grains

уй
maison

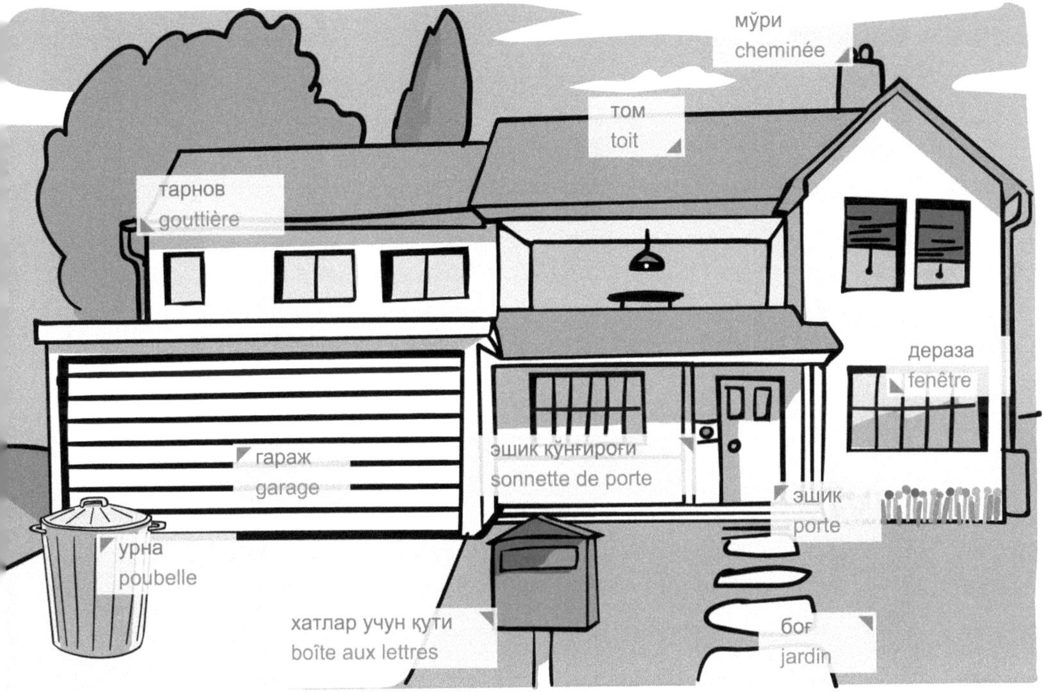

мӯри / cheminée

том / toit

тарнов / gouttière

дераза / fenêtre

гараж / garage

эшик қӯнғироғи / sonnette de porte

эшик / porte

урна / poubelle

хатлар учун қути / boîte aux lettres

боғ / jardin

меҳмонхона

salle de séjour

ваннахона

salle de bains

ошхона

cuisine

ётоқхона

chambre à coucher

болалар хонаси

chambre d'enfant

ошхона

salle à manger

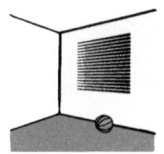

пол
plancher

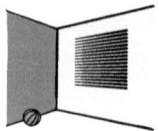

девор
mur

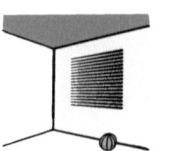

шип
plafond

подвал
cellier

сауна
sauna

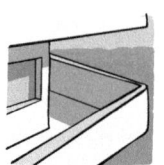

болохона айвони
balcon

айвон
terrasse

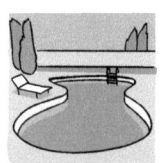

бассейн
piscine

ўт ўргич машина
tondeuse à gazon

кўрпажилд
drap

чойшаб
jeté de lit

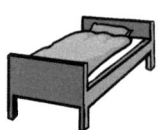

кроват
lit

супурги
balai

пақир
seau

мурват
interrupteur

уй - maison

меҳмонхона
salle de séjour

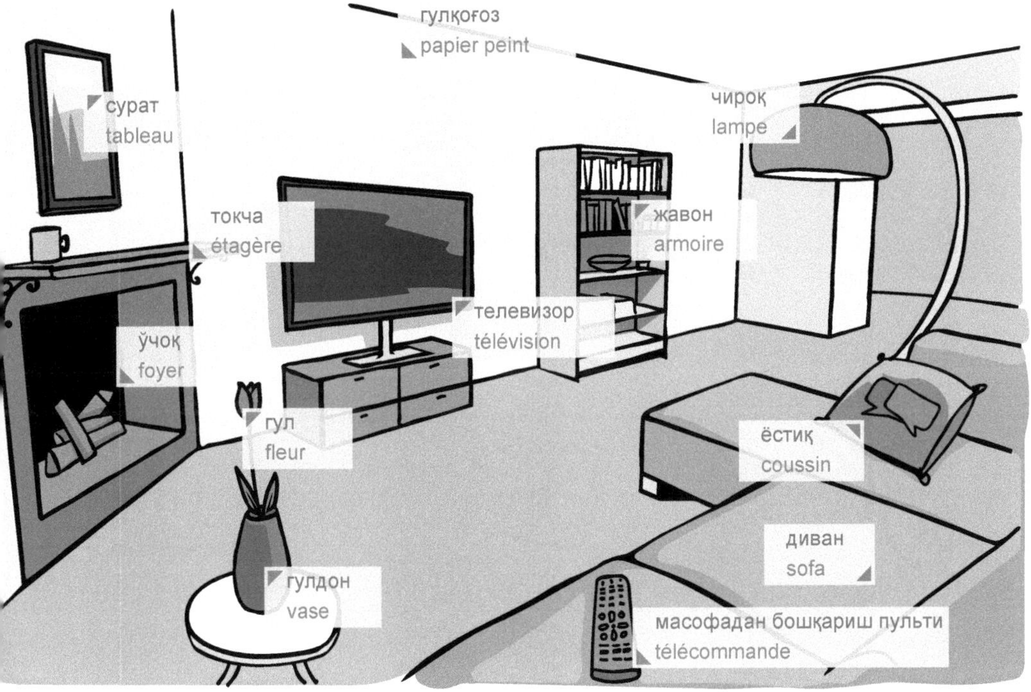

- гулқоғоз / papier peint
- сурат / tableau
- чироқ / lampe
- токча / étagère
- жавон / armoire
- ўчоқ / foyer
- телевизор / télévision
- гул / fleur
- ёстиқ / coussin
- диван / sofa
- гулдон / vase
- масофадан бошқариш пульти / télécommande

гилам

tapis

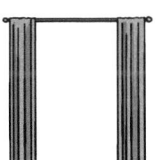

парда

rideau

стол

table

стул

chaise

тебранма курси

berceuse

кресло

fauteuil

китоб
livre

кӯрпа
couverte

ҳашам
décoration

ӯтин
bois de chauffage

кино
film

стерео қурилма
chaîne hi-fi

калит
clé

рӯзнома
journal

расм
peinture

плакат
affiche

радио
radio

ён дафтар
bloc-notes

чанг ютгич
aspirateur

кактус
cactus

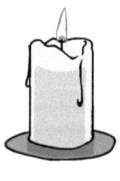
шам
chandelle

ошхона
cuisine

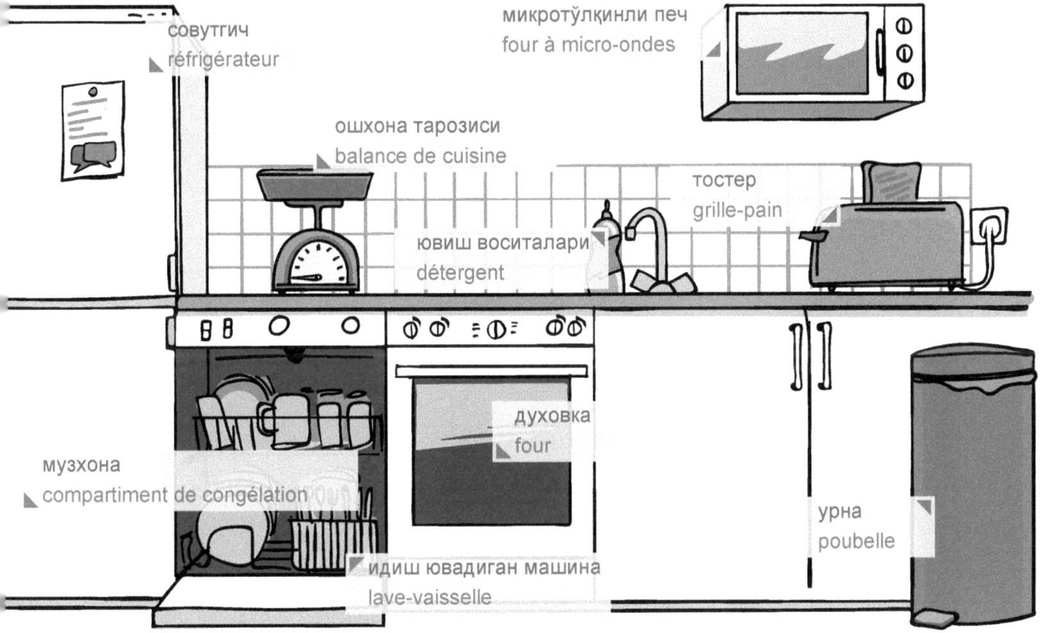

совутгич / réfrigérateur

микротўлқинли печ / four à micro-ondes

ошхона тарозиси / balance de cuisine

тостер / grille-pain

ювиш воситалари / détergent

духовка / four

музхона / compartiment de congélation

урна / poubelle

идиш ювадиган машина / lave-vaisselle

плита
cuisinière

кастрюль
marmite

чўян қозон
cocotte en fonte

бўртма тубли това
wok / kadai

това
poêle

човгун
bouilloire

ошхона - cuisine 35

мантиқасқон

cuiseur à vapeur

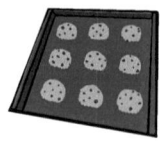

тунука това

plaque à pâtisserie

идиш

vaisselle

кружка

grande tasse

коса

bol

таом ейиш таёқчалари

baguettes

чўмич

louche

куракча

spatule

кўпиртиргич

fouet

элак

passoire

элак

tamis

қирғич

râpe

ҳовонча

mortier

гриль

barbecue

олов

foyer

ошхона - cuisine

оштахта

planche à découper

жува

rouleau à pâtisserie

пармасимон тиқин очгич

tire-bouchon

консерва

boîte à conserves

консерва очгич

ouvre-boîte

тутгич

mitaine de four

унитаз

évier

идиш чўтка

brosse

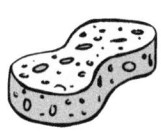

қозонсочиқ

éponge

қориштиргич

mélangeur

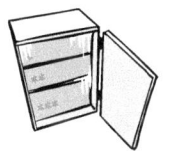

музлатгич

congélateur

сўрғичли чақалоқ бутилкаси

biberon

кран

robinet

ваннахона
salle de bains

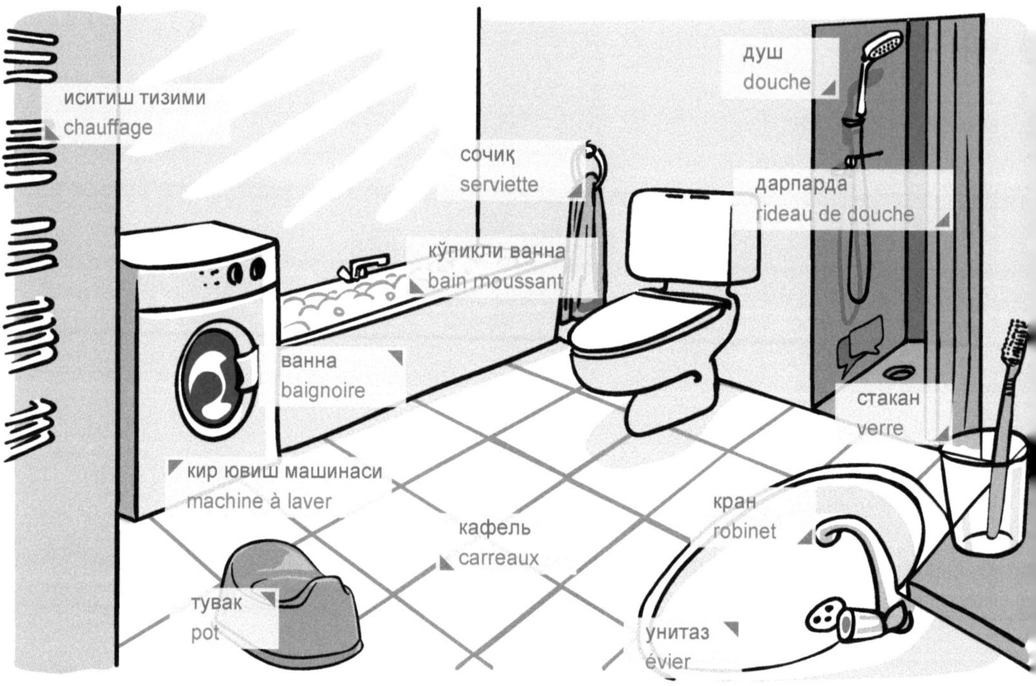

иситиш тизими / chauffage

душ / douche

сочиқ / serviette

дарпарда / rideau de douche

кўпикли ванна / bain moussant

ванна / baignoire

стакан / verre

кир ювиш машинаси / machine à laver

кафель / carreaux

кран / robinet

тувак / pot

унитаз / évier

ҳожатхона

toilette

полга ўрнатиладиган унитаз

toilette turque

таҳоратдон

bidet

сийдик унитази

urinoir

ҳожатхона қоғози

papier hygiénique

ҳожатхона чўткаси

brosse à toilette

тиш чўтка

brosse à dents

тиш пастаси

dentifrice

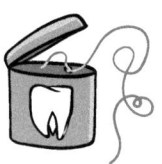

тиш тозалагич ип

soie dentaire

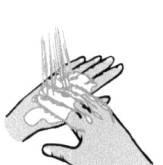

ювмоқ

laver

дастакли душ

douchette

таҳорат учун душ

douche vaginale

тоғора

cuvette

елка қашлайдиган чўтка

brosse pour le dos

совун

savon

душ учун гель

gel douche

шампунь

shampoing

мочалка

débarbouillette

қувур

drain

крем

crème

дезодарант

déodorant

ваннахона - salle de bains

кўзгу
miroir

қўл кўзгуси
miroir à main

устара
rasoir

устара учун кўпик
mousse à raser

салқинлантирувчи бальзам
après-rasage

тароқ
peigne

чўтка
brosse

фен
sèche-cheveux

соч учун лак
laque

пардоз-андоз
maquillage

лаб учун помада
rouge à lèvres

тирноқ лаки
vernis à ongles

пахта
ouate

тирноқ қайчиси
ciseaux à ongles

духи
parfum

ваннахона - salle de bains

пардоз-андоз халтаси

trousse de toilette

курси

tabouret

тарози

pèse-personne

чўмилиш халати

peignoir

резина қўлқоп

gants de caoutchouc

тампон

tampon

гигиеник таглик

serviette hygiénique

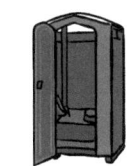

биоҳожатхона

toilette chimique

ваннахона - salle de bains

болалар хонаси
chambre d'enfant

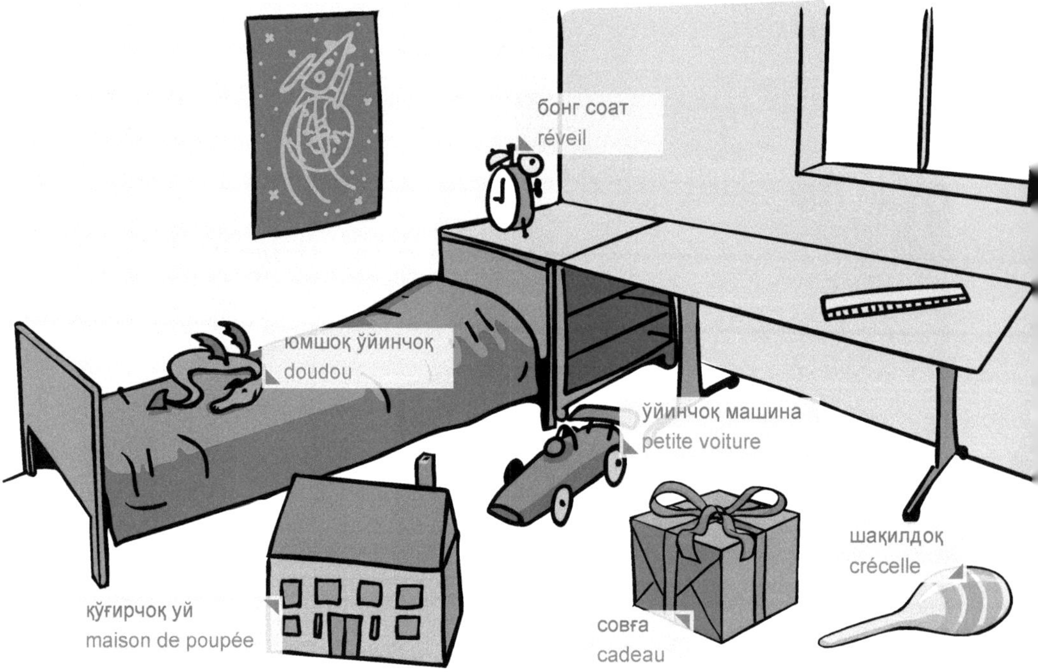

бонг соат
réveil

юмшоқ ўйинчоқ
doudou

ўйинчоқ машина
petite voiture

шақилдоқ
crécelle

қўғирчоқ уй
maison de poupée

совға
cadeau

шар

ballon

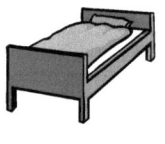

кроват

lit

болалар аравачаси

landau

карта тўплами

jeu de cartes

терма тасвир

casse-tête

кулгили саҳна асари

bande dessinée

лего ғиштлари

blocs LEGO

ўйинчоқ кубиклар

jeu de briques

ўйинчоқ қаҳрамон

figurine articulée

ползунка

dormeuse

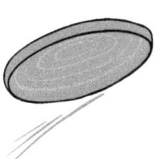

учар ликопча

disque volant

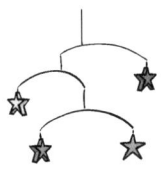

осма шақилдоқ

mobile

стол ўйини

jeu de société

ошиқ

dé

поезд макети

ensemble de modèles de train

сўрғич

mannequin

ўтириш

fête

расмли китоб

livre d'images

копток

balle

қўғирчоқ

poupée

ўйнамоқ

jouer

болалар хонаси - chambre d'enfant

қумдон	арғимчоқ	ўйинчоқлар
bac à sable	balançoire	jouets

ўйин приставкаси	уч ғилдиракли велосипед	бахмал айиқ
console de jeu vidéo	tricycle	ours en peluche

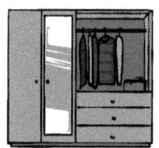

кийим шкафи
garde-robe

кийим
vêtements

пайпоқ	чулки	колготка
chaussettes	bas	collant

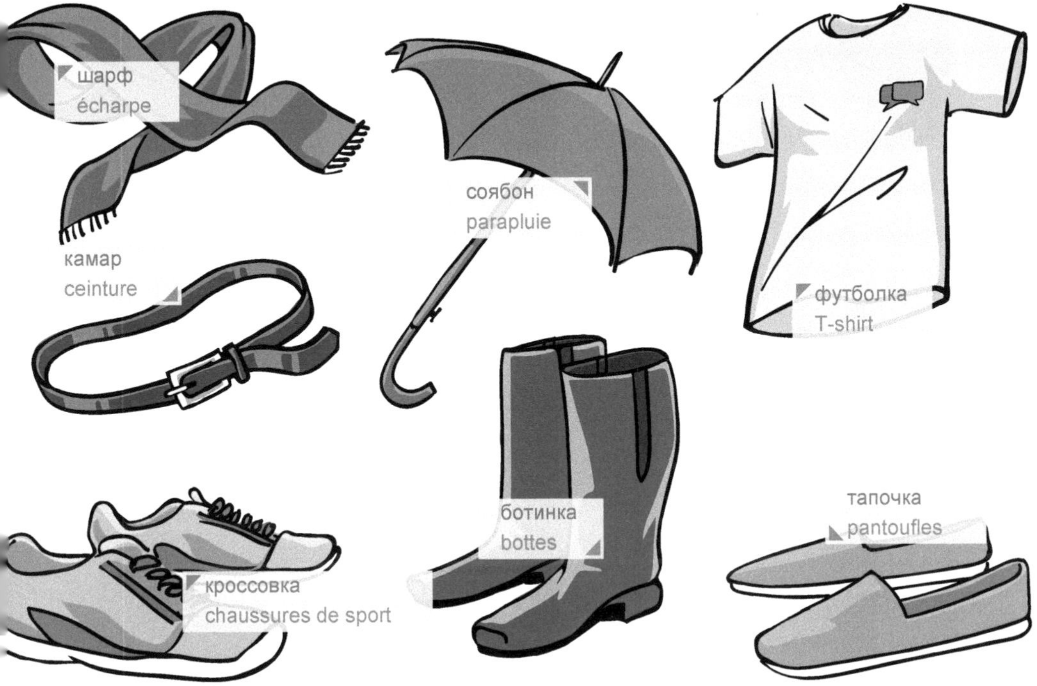

шарф / écharpe

камар / ceinture

соябон / parapluie

футболка / T-shirt

кроссовка / chaussures de sport

ботинка / bottes

тапочка / pantoufles

шиппак
sandales

туфли
souliers

резина этик
bottes de caoutchouc

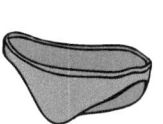

тор турсик
sous-vêtements

кӱкракпеч
soutien-gorge

майка
gilet

боди	иштон	жинси
body	pantalon	jean

юбка	кофта	кўйлак
jupe	chemisier	chemise

жемпер	узун чакмон	спорт бичимидаги пиджак
chandail	chandail à capuche	blazer

куртка	пальто	плаш
veste	manteau	manteau de pluie

либос	кўйлак	келин кўйлак
complet	robe	robe de mariée

костюм шим tailleur	тунги кўйлак chemise de nuit	пижама pyjama

сари sari	шолрўмол foulard	салла turban

паранжи burqa	чакмон cafetan	абая abaya
	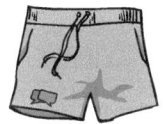	
чўмилиш костюми maillot de bain	турсик maillot short	шортик culotte courte

спорт костюми survêtement	фартук tablier	қўлқоп mitaines

тугма
bouton

кўзойнак
lunettes

билагузук
bracelet

мунчоқ
collier

узук
bague

сирға
boucle d'oreille

кепка
tuque

пальто илгак
cintre

шляпа
chapeau

бўйинбоғ
cravate

замок
fermeture à glissière

дубулға
casque

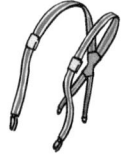

шим тортгич
bretelles

мактаб формаси
uniforme scolaire

форма
uniforme

кийим - vêtements

ошхўрак
bavoir

сўрғич
mannequin

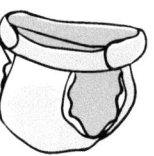
таглик
couche

идора
bureau

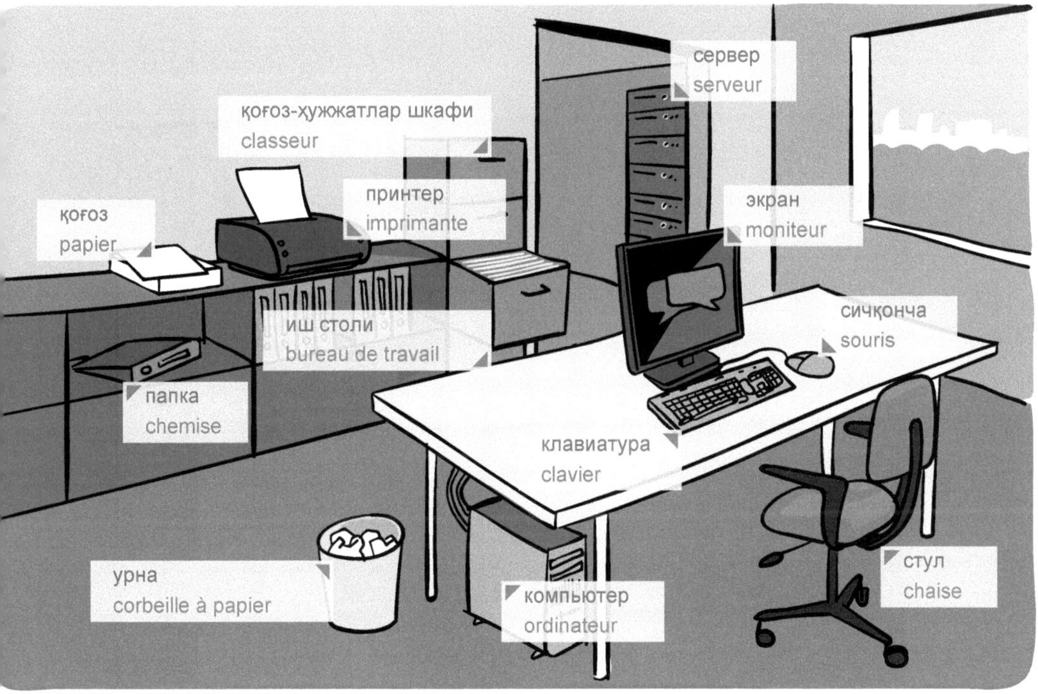

- сервер / serveur
- қоғоз-ҳужжатлар шкафи / classeur
- қоғоз / papier
- принтер / imprimante
- экран / moniteur
- иш столи / bureau de travail
- сичқонча / souris
- папка / chemise
- клавиатура / clavier
- урна / corbeille à papier
- компьютер / ordinateur
- стул / chaise

кофе кружкаси
grande tasse à café

калькулятор
calculatrice

интернет
Internet

идора - bureau   49

ноутбук

ordinateur portable

хат

lettre

мактуб

message

уяли телефон

téléphone cellulaire

тармоқ

réseau

нусха кўчиргич

photocopieur

дастур

logiciel

телефон

téléphone

розетка

prise de courant

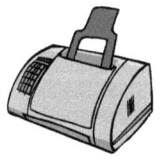

факс

télécopieur

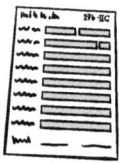

шакллар

formulaire

ҳужжат

document

идора - bureau

иқтисод
économie

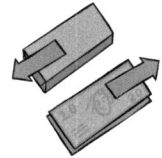

харид қилмоқ

acheter

тўламоқ

payer

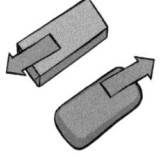

савдолашмоқ

commercer

пул

argent

доллар

dollar

евро

euro

йен

yen

рубль

rouble

швейцар франки

franc suisse

Жэньминьби хитой юани

renminbi yuan

рупи

roupie

банкомат

distributeur de billets

пул айирбошлаш
шаҳобчаси
bureau de change

олтин
or

кумуш
argent

нефт
pétrole

энергия
énergie

нарх
prix

шартнома
contrat

солиқ
taxe

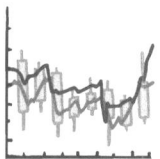

акция
actions

ишламоқ
travailler

ишчи
employé

иш берувчи
employeur

завод
usine

дўкон
magasin

иқтисод - économie

касблар
professions

полициячи
agent de police

ўт ўчирувчи
pompier

ошпаз
cuisinier

шифокор
docteur

учувчи
pilote

боғбон

jardinier

дурадгор

charpentier

тикувчи

couturier

ҳакам

juge

кимёгар

pharmacien

актёр

acteur

автобус ҳайдовчиси

chauffeur d'autobus

такси ҳайдовчи

chauffeur de taxi

балиқчи

pêcheur

фаррош

femme de ménage

том устаси

couvreur

официант

serveur

овчи

chasseur

бўёқчи

peintre

нонвой

boulanger

электр устаси

électricien

қурувчи

constructeur de bâtiments

муҳандис

ingénieur

қассоб

boucher

сувчи чилангар

plombier

почтачи

facteur

касблар - professions

аскар
soldat

меъмор
architecte

ғазначи
caissier

гулчи
fleuriste

сартарош
coiffeur

чиптачи
chef de train

механик
mécanicien

капитан
capitaine

тиш шифокори
dentiste

олим
scientifique

яҳудийлар руҳонийси
rabbin

имом
imam

роҳиб
moine

руҳоний
ecclésiastique

касблар - professions

асбоблар
outils

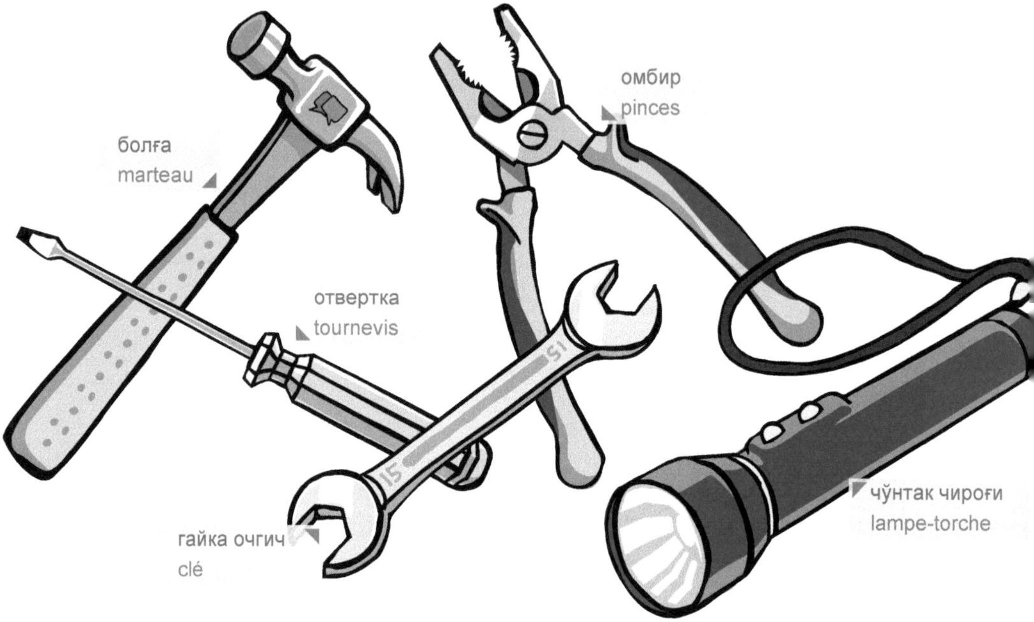

болға / marteau

омбир / pinces

отвертка / tournevis

гайка очгич / clé

чўнтак чироғи / lampe-torche

экскаватор

excavatrice

асбоблар қутиси

boîte à outils

нарвон

échelle

қўларра

scie

мих

clous

пармадаста

perceuse

тузатмоқ

réparer

белкурак

pelle

Жин урсин!

tabarnouche

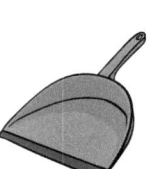

хокандоз

pelle à poussière

бўёқ идиш

pot de peinture

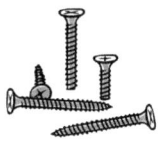

бурама мих

vis

мусиқа асбоблари
instruments de musique

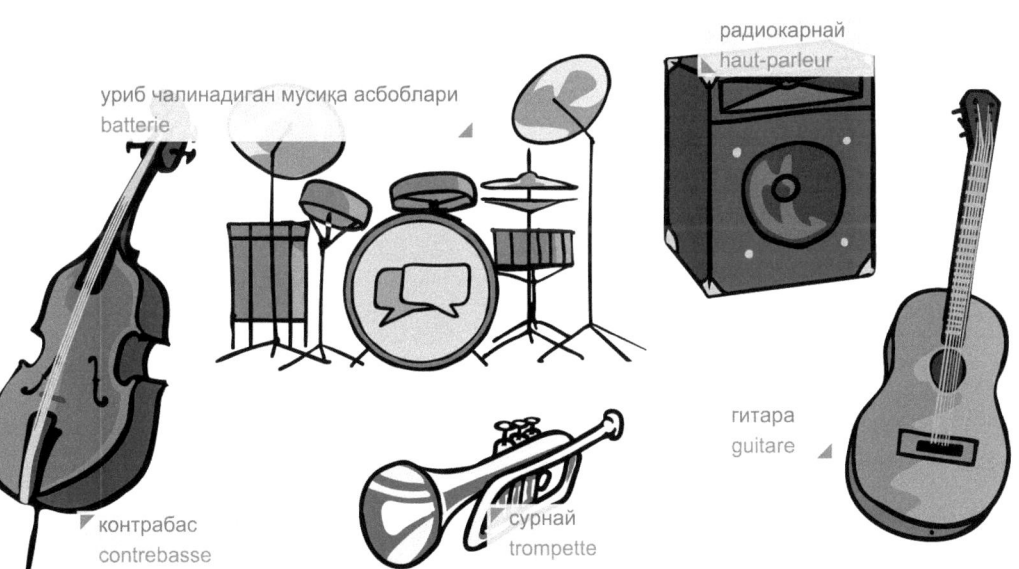

уриб чалинадиган мусиқа асбоблари
batterie

радиокарнай
haut-parleur

контрабас
contrebasse

сурнай
trompette

гитара
guitare

пианино

piano

ғижжак

violon

бас-гитара

basse

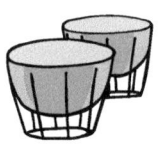

қўшноғора

timbales

дўмбира

tambour

клавиатура

synthétiseur

саксофон

saxophone

най

flûte

микрофон

microphone

мусиқа асбоблари - instruments de musique

ҳайвонот боғи
zoo

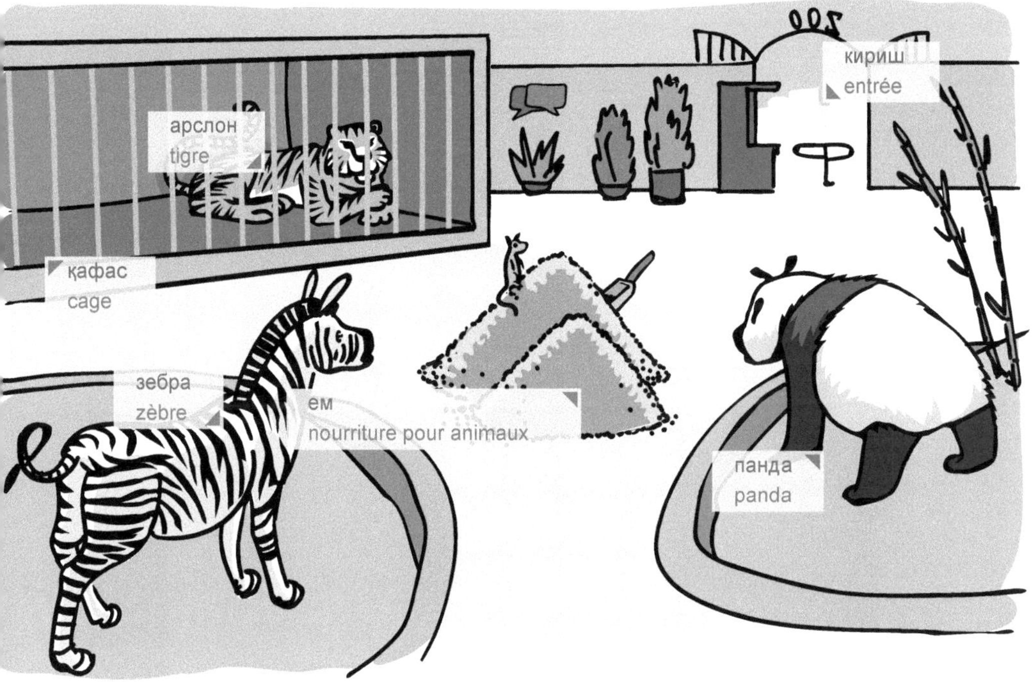

- арслон / tigre
- кириш / entrée
- қафас / cage
- зебра / zèbre
- ем / nourriture pour animaux
- панда / panda

ҳайвонлар
animaux

фил
éléphant

кенгуру
kangourou

каркидон
rhinocéros

горилла
gorille

айиқ
ours

туя
chameau

туяқуш
autruche

шер
lion

маймун
singe

фламинго
flamand rose

тўти
perroquet

оқ айиқ
ours polaire

пингвин
pingouin

акула
requin

товус
paon

илон
serpent

тимсоҳ
crocodile

ҳайвонот боғи қоровули
gardien de zoo

тюлень
phoque

ягуар
jaguar

тўпичоқ от

poney

қоплон

léopard

бегемот

hippopotame

жирафа

girafe

бургут

aigle

эркак чўчқа

sanglier

балиқ

poisson

тошбақа

tortue

морж

morse

тулки

renard

оҳу

gazelle

спорт ўйинлари
sports

машғулот
activités

эга бўлмоқ
avoir

бажармоқ
faire

бўлмоқ
être

турмоқ
être debout

югурмоқ
courir

тортмоқ
tirer

улоқтирмоқ
jeter

йиқилмоқ
tomber

алдамоқ
s'allonger

кутмоқ
attendre

ташимоқ
porter

ўтирмоқ
s'asseoir

кийинмоқ
s'habiller

ухламоқ
dormir

уйғонмоқ
se réveiller

машғулот - activités

қарамоқ

regarder

йиғламоқ

pleurer

зарба бермоқ

caresser

тарамоқ

peigner

гаплашмоқ

parler

тушунмоқ

comprendre

сўрамоқ

demander

тингламоқ

écouter

ичмоқ

boire

емоқ

manger

йиғиштирмоқ

ranger

севмоқ

aimer

пиширмоқ

cuisiner

ҳайдамоқ

conduire

учмоқ

voler

машғулот - activités

кемада сузмоқ

faire de la voile

ҳисобламоқ

calculer

ўқимоқ

lire

ўрганмоқ

apprendre

ишламоқ

travailler

турмуш қурмоқ

se marier

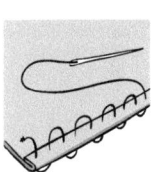

тикмоқ

coudre

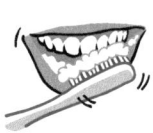

тиш ювмоқ

brosser les dents

ўлдирмоқ

tuer

чекмоқ

fumer

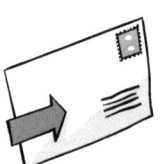

йўлламоқ

envoyer

оила
famille

буви
grand-mère

бува
grand-père

ота
père

она
mère

чақалоқ
bébé

қиз
fille

ўғил
fils

меҳмон

invité

амма

tante

тоға

oncle

ака

frère

опа

sœur

тана
corps

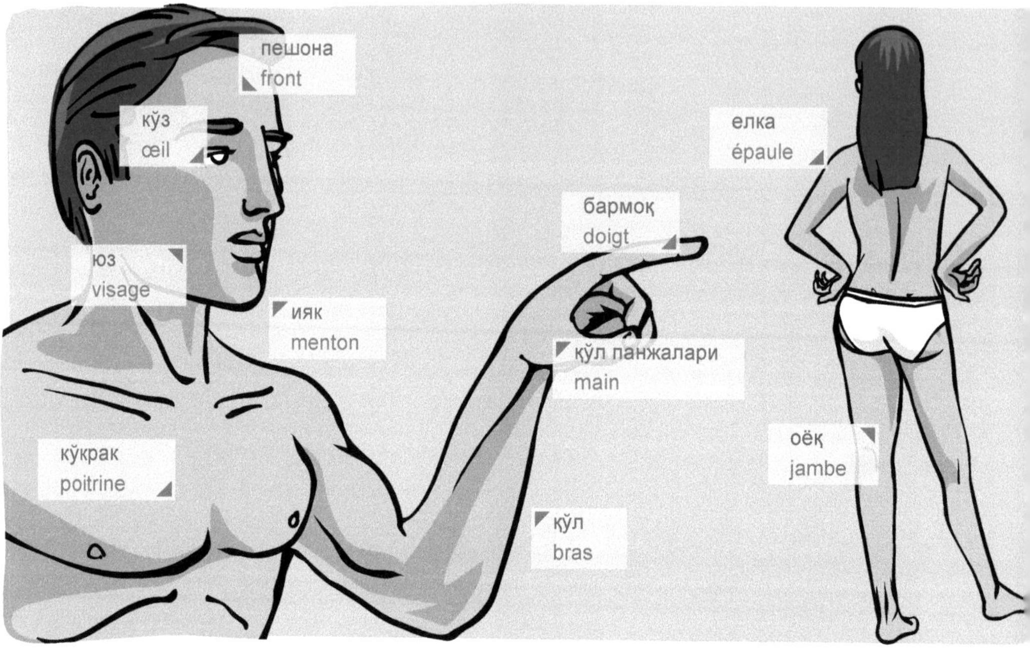

пешона
front

кўз
œil

юз
visage

ияк
menton

кўкрак
poitrine

елка
épaule

бармоқ
doigt

қўл панжалари
main

оёқ
jambe

қўл
bras

чақалоқ
bébé

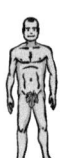

одам
homme

аёл
femme

қиз бола
fille

ўғил бола
garçon

бош
tête

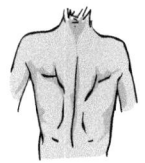

орқа

dos

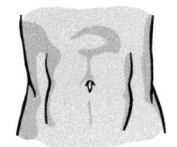

қорин

ventre

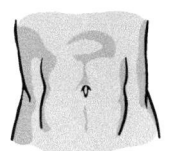

киндик

nombril

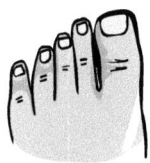

оёқ панжаси

orteil

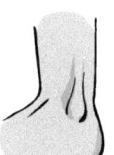

товон

talon

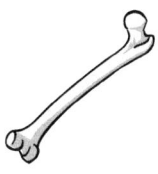

суяк

os

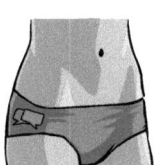

бел

hanche

тизза

genou

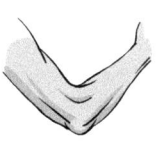

тирсак

coude

бурун

nez

думба

derrière

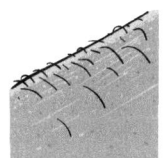

тери

peau

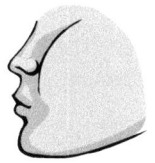

яноқ

joue

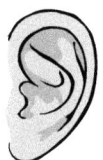

қулоқ

oreille

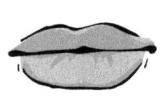

лаб

lèvre

оғиз
bouche

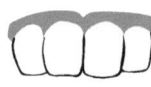
тиш
dent

тил
langue

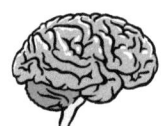
мия
cerveau

юрак
cœur

мушак
muscle

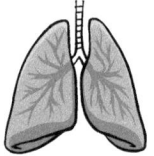
ўпка
poumon

жигар
foie

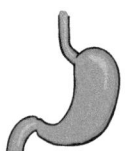
ошқозон
estomac

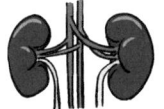
буйрак
reins

жинсий алоқа
rapport sexuel

презерватив
condom

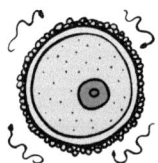
тухум ҳужайра
ovule

уруғ
sperme

ҳомиладорлик
grossesse

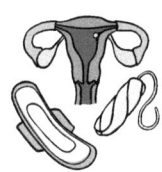

ҳайз
menstruation

бачадон
vagin

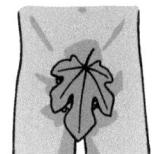

олат
pénis

қош
sourcil

соч
cheveux

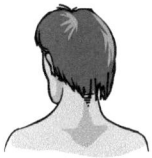

бўйин
cou

тана - corps

шифохона
hôpital

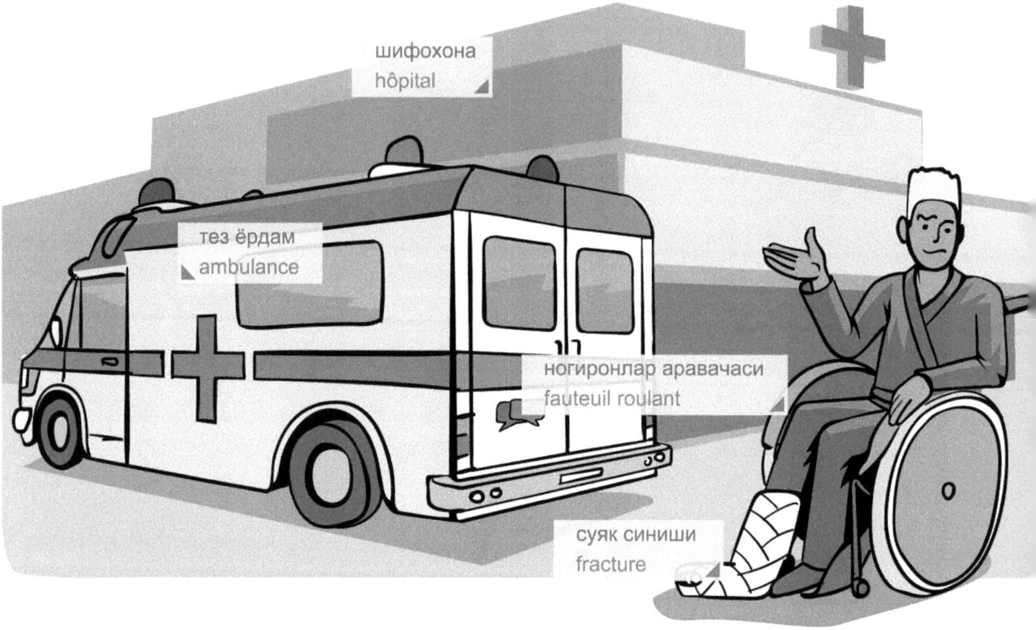

шифохона / hôpital

тез ёрдам / ambulance

ногиронлар аравачаси / fauteuil roulant

суяк синиши / fracture

шифокор

docteur

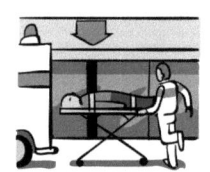

Шошилинч тиббий ёрдам кўрсатиш бўлими

salle des urgences

ҳамшира

infirmier

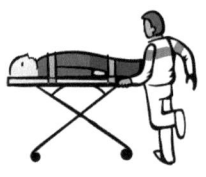

тез ёрдам

urgence

ҳушсизлик

inconscient

оғриқ

douleur

жароҳат
blessure

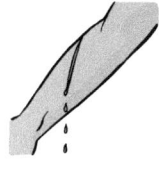
қонаш
saignement

юрак хуружи
crise cardiaque

инсульт
AVC

аллергия
allergie

йўтал
toux

иситма
fièvre

тумов
grippe

ич кетиш
diarrhée

бош оғриғи
mal de tête

саратон касали
cancer

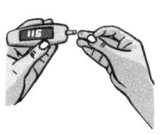
қандли диабет
diabète

жарроҳ
chirurgien

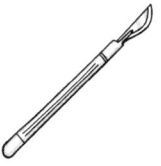
жарроҳ пичоғи
scalpel

жарроҳлик амалиёти
opération

шифохона - hôpital

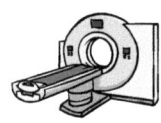
томография
tomodensitométrie

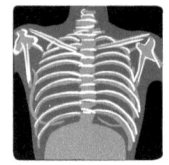
рентген
radiographie

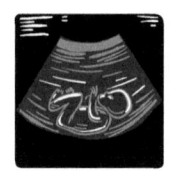
ултратовуш текшируви
ultrason

юз ниқоби
masque

касаллик
maladie

қабулхона
salle d'attente

қўлтиқтаёқ
béquille

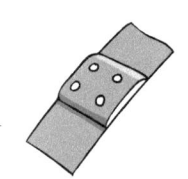
малҳамли пластир
sparadrap

бинт
bandage

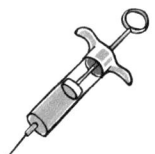
укол
injection

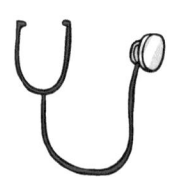
юрак урушини ва ўпкани
эшитиб кўрадиган асбоб
stéthoscope

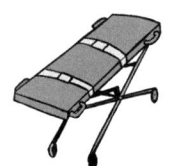
беморлар учун замбил
brancard

термометр
thermomètre médical

туғруқ
accouchement

семизлик
excès de poids

шифохона - hôpital

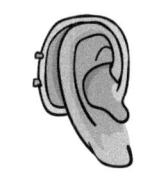

эшитиш мосламаси

appareil auditif

дезинфекцияловчи восита

désinfectant

инфекция

infection

вирус

virus

ОИВ / ОИТС

VIH / Sida

дори

médicament

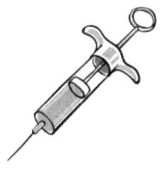

эмлаш

vaccination

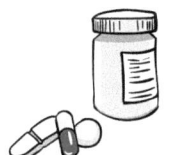

таблетка

comprimés

дори

pilule

тез ёрдам қўнғироғи

appel d'urgence

қон босимини ўлчаш асбоби

tensiomètre

касал / соғлом

malade / en bonne santé

шифохона - hôpital   75

тез ёрдам
urgence

Ёрдам берннглар!
Au secours !

тажовуз
assaut

ҳужум
attaque

хавф
danger

фавқулодда ҳолатларда чиқиш эшиги
sortie de secours

Ёнғин!
Au feu !

ўт ўчиргич
extincteur

фалокат
accident

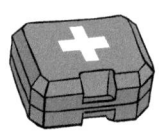
биринчи тиббий ёрдам тўплами
trousse de premiers soins

фалокат сигнали
SOS

полиция
police

Ep
Terre

Европа
Europe

Шимолий Америка
Amérique du Nord

Жанубий Америка
Amérique du Sud

Африка
Afrique

Осиё
Asie

Австралия
Australie

Атлантик океани
océan Atlantique

Тинч океани
océan Pacifique

Ҳинд океани
océan Indien

Антарктида океани
océan Antarctique

Арктика океани
océan Arctique

Шимолий қутб
Pôle Nord

Жанубий кутб
Pôle Sud

Антарктика
Antarctique

Ер
Terre

ўлка
terre

денгиз
mer

орол
île

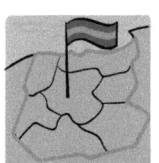
миллат
nation

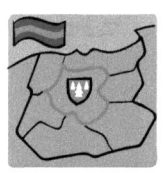
давлат
État

соат
heure

астрономик вақт кўрсатгичи
cadran

соат мили
aiguille des heures

дақиқа мили
aiguille des minutes

сония мили
aiguille des secondes

Соат неча?
Quelle heure est-il ?

кун
jour

вақт
temps

ҳозир
maintenant

рақамли соат
montre à affichage numérique

дақиқа
minute

соат
heure

хафта
semaine

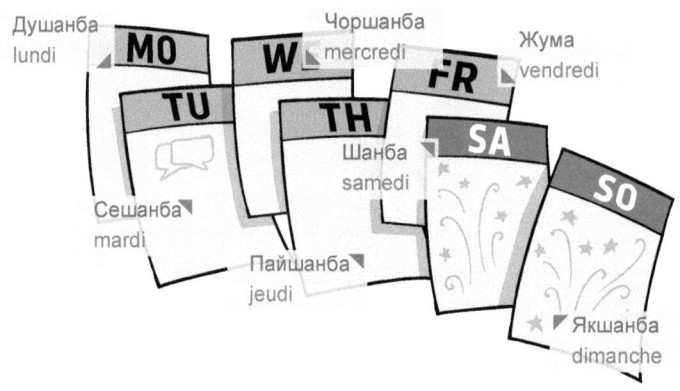

кеча

hier

бугун

aujourd'hui

эртага

demain

эрталаб

matin

пешин

midi

кечкурун

soir

иш кунлари	дам олиш кунлари
jours ouvrables	fin de semaine

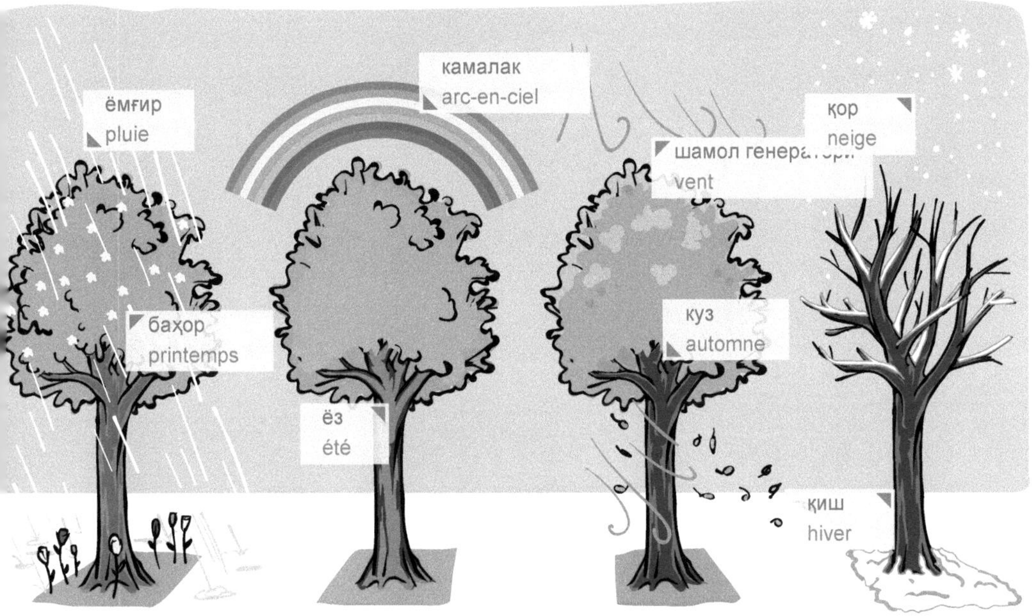

йил

année

камалак
arc-en-ciel

ёмғир
pluie

қор
neige

шамол генератори
vent

баҳор
printemps

куз
automne

ёз
été

қиш
hiver

об-ҳаво маълумоти

prévisions météorologiques

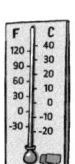

термометр

thermomètre

қуёшли

rayons du soleil

булут

nuage

туман

brouillard

намгарчилик

humidité

чақмоқ

foudre

момоқалдироқ

tonnerre

бўрон

tempête

дўл

grêle

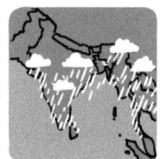

намгарчилик мавсуми

mousson

тошқин

inondation

муз

glace

Январь

janvier

Февраль

février

Март

mars

Апрель

avril

Май

mai

Июнь

juin

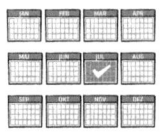

Июль

juillet

Август

août

йил - année

Сентябрь
septembre

Октябрь
octobre

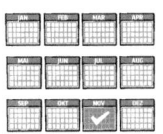
Ноябрь
novembre

Декабрь
décembre

шакллар
formes

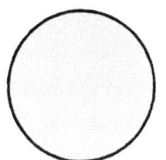
айлана
cercle

квадрат
carré

тўртбурчак
rectangle

учбурчак
triangle

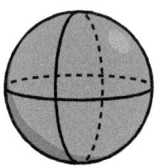
доира
sphère

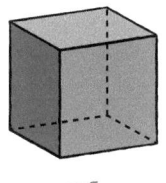
куб
cube

ранглар
couleurs

оқ

blanc

сариқ

jaune

сабзи ранг

orange

пушти

rose

қизил

rouge

тўқ қизил

violet

кўк

bleu

яшил

vert

жигар ранг

marron

кул ранг

gris

қора

noir

қарама-қарши маъноли сўзлар
opposés

кўп / оз

beaucoup / un peu

ғазабли / хотиржам

en colère / calme

гўзал / хунук

beau / laid

боши / охири

début / fin

катта / кичик

grand / petit

ёруғ / қоронғу

lumineux / sombre

ака / сингил

frère / sœur

тоза / ифлос

propre / sale

тўлиқ / чала

complet / incomplet

кун / тун

jour / nuit

ўлик / тирик

mort / vivant

кенг / тор

large / étroit

еса бўладиган / еса бўлмайдиган

comestible / non comestible

ёвуз / хайрли

méchant / gentil

ҳаяжонли / зерикарли

être enthousiaste / s'ennuyer

семиз / озғин

gros / mince

биринчи / охирги

premier / dernier

дўст / душман

ami / ennemi

тўла / бўш

plein / vide

қаттиқ / юмшоқ

dur / mou

оғир / енгил

lourd / léger

очлик / чанқов

faim / soif

касал / соғлом

malade / en bonne santé

ноқонуний / қонуний

illégal / légal

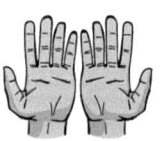

зиёли / калтафаҳм

intelligent / stupide

чап / ўнг

gauche / droite

яқин / узоқ

proche / loin

қарама-қарши маъноли сўзлар - opposés

янги / ишлатилган

neuf / usagé

ҳеч нарса / бир нарса

rien / quelque chose

қари / ёш

vieux / jeune

ёниқ / ўчиқ

marche / arrêt

очиқ / ёпиқ

ouvert / fermé

паст / баланд

calme / bruyant

бой / камбағал

riche / pauvre

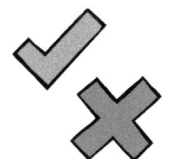

тўғри / нотўғри

correct / incorrect

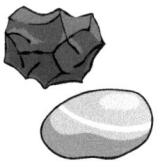

нотекис / текис

rugueux / lisse

хафа / хурсанд

triste / heureux

қисқа / узун

court / long

секин / тез

lent / rapide

нам / қуруқ

mouillé / sec

илиқ / салқин

chaud / froid

уруш / тинчлик

guerre / paix

қарама-қарши маъноли сўзлар - opposés

рақамлар
nombres

0
ноль
zéro

1
бир
un

2
икки
deux

3
уч
trois

4
тўрт
quatre

5
беш
cinq

6
олти
six

7
етти
sept

8
саккиз
huit

9
тўққиз
neuf

10
ўн
dix

11
ўн бир
onze

12
ўн икки
douze

13
ўн уч
treize

14
ўн тўрт
quatorze

15
ўн беш
quinze

16
ўн олти
seize

17
ўн етти
dix-sept

18
ўн саккиз
dix-huit

19
ўн тўққиз
dix-neuf

20
йигирма
vingt

100
юз
cent

1.000
минг
mille

1.000.000
миллион
million

рақамлар - nombres

тиллар
langues

Инглиз

anglais

Америкача инглиз тили

anglais américain

Хитой тилининг Мандарин лаҳчаси

chinois mandarin

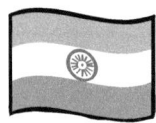

Ҳинд

hindi

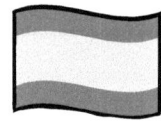

Испан

espagnol

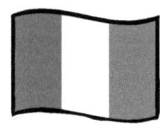

Француз

français

Араб

arabe

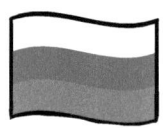

Рус

russe

Португал

portugais

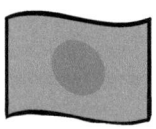

Бенгал

bengali

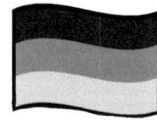

Немис

allemand

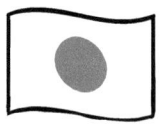

Япон

japonais

ким / нима / қандай
qui / quoi / comment

Мен
je

Сен
tu

у / у / у
il / elle / ce, c', cela

биз
nous

сизлар
vous

улар
ils / elles

ким?
qui ?

нима?
quoi ?

қандай?
comment ?

қаерда?
où ?

қачон?
quand ?

исм
nom

қаерда
où

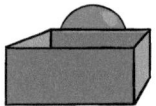

орқада

derrière

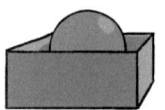

ичида

dans

олдида

devant

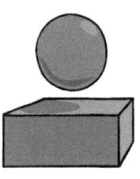

узра

au-dessus

устида

sur

тагида

en dessous

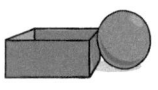

ёнида

à côté de

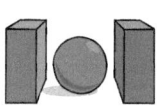

ўртасида

entre

жой

endroit